DER
KINDER
BROCK
HAUS

EXPERIMENTE

Erste Experimente rund um

Luft und Wind

**Mit Texten von Christoph Michel
und Illustrationen von Judith Arndt
und Jo Pelle Küker-Bünermann**

Bibliografische Information der Deutschen Nationalbibliothek
Die Deutsche Nationalbibliothek verzeichnet diese Publikation in der Deutschen
Nationalbibliografie; detaillierte bibliografische Daten sind im Internet über
http://dnb.ddb.de abrufbar.

Redaktionsleitung: Anke Braun
Redaktion: CoLibris-Lektorat Dr. Barbara Welzel, Göttingen
Autor: Dr. Christoph Michel, www.scienceforkids.de
Bildredaktion: Thekla Sielemann, CoLibris-Lektorat Dr. Barbara Welzel
Layoutentwicklung: Jo Pelle Küker-Bünermann
Satz: Jo Pelle Küker-Bünermann, maiwerk konzept + gestaltung, Bielefeld
Illustrationen: Judith Arndt, Jo Pelle Küker-Bünermann
Herstellung: Franziska Hans
Einbandgestaltung: Jo Pelle Küker-Bünermann, Verena Wübbe
Einbandabbildungen: shutterstock.com – Wolken/gillmar – Grashalm/Mazzzur
Druck und Bindung: MOHN Media · Mohndruck GmbH, Gütersloh

Printed in Germany 2013

ISBN: 978-3-577-07342-4

www.kinderbrockhaus.de

Die in diesem Buch dargestellten Experimente wurden sorgfältig vom Autor ausgesucht
und geprüft. Autor und Verlag können jedoch nicht ausschließen, dass einzelne Experimente nicht in der dargestellten Weise gelingen. Die Haftung für das Gelingen der Experimente sowie mögliche Schäden bei ihrem Fehlschlagen wird, soweit gesetzlich zulässig,
ausgeschlossen.

Vorwort

Mal „steht" die Luft und es riecht irgendwie muffig, mal streicht die Luft um dich herum und du wirst fast von ihr umgeweht, mal pustet sie dir als warmer Wind durchs Haar und trocknet es dabei – oder bringt es kräftig durcheinander. Luft bringt Schiffe in Seenot – aber trotzdem ist sie lebenswichtig. Wir atmen sie jede Stunde rund tausendmal ein und aus und auch die Landtiere brauchen sie zum Leben. Wir alle müssen atmen, sonst ersticken wir. Und sogar die Fische im Wasser haben Luft im Bauch!

Darum liegt es nahe, sich mit diesem wunderbaren Stoff zu beschäftigen. Das geht ganz einfach, denn das Wichtigste, was du dafür brauchst, hast du ja ständig um dich herum: gaaanz viel Luft. Und in diesem wunderbaren Buch findest du 18 Anleitungen zu Experimenten rund um diesen Stoff. Aber ich will hier nicht zu viel verraten – nur ein wenig ;-)) Zum Beispiel machst du Luft – obwohl sie eigentlich unsichtbar ist – sichtbar! Du gehst mit ihr auf Tauchstation und du pustest einen Luftballon auf, ohne ihn an den Mund zu nehmen. Du baust ein Fahrzeug, das auf einem Kissen aus Luft gleitet, du schießt eine Luftrakete nach oben und bringst einem Trinkhalm das Fliegen bei. Du machst mithilfe von Wind Wellen wie auf dem Meer und lässt einen Luftballon wie von Geisterhand schweben. Das macht Spaß!

Wenn du dies alles ausprobiert hast, wirst du viel schlauer sein und über den Stoff, der immer um dich herum ist, besser Bescheid wissen. Du wirst ihn ganz anders genießen, wenn du während der Autofahrt ein Fenster öffnest und er ordentlich hereindrückt, durch den du hindurchsehen kannst, aber der ja nicht Nichts ist, nur weil er unsichtbar ist. Und … Aber stopp, mehr verrate ich jetzt nicht. Du kommst selber drauf, wenn du gleich diese Seite umdrehst und loslegst.

Und dabei wünsche ich dir gutes Gelingen und ganz viel Spaß!

Dein

Joachim Hecker

Inhaltsverzeichnis

So benutzt du dieses Buch

Jedes Experiment in diesem Buch wird auf einer Doppelseite vorgestellt, mit Angaben zur Vorbereitung, einer genauen Versuchsanleitung, einer leicht verständlichen Erklärung und einem Beispiel aus deiner Umwelt. Was jeweils wo auf den Seiten steht, wird dir unten genau gezeigt.

Zur Sicherheit sollte beim Experimentieren immer ein Erwachsener dabei sein, aber durchführen kannst du die meisten Versuche allein. Manchmal brauchst du einen Freund oder eine Freundin als Helfer. Ab und zu muss auch ein Erwachsener mit anfassen, zum Beispiel, wenn eine Kerze angezündet oder etwas mit einem scharfen Messer durchgeschnitten werden muss.

Wenn du ein bestimmtes Experiment im Buch suchst, kannst du vorn im Inhaltsverzeichnis nachsehen, dort sind alle Versuche mit Seitenangabe aufgelistet. Einzelne Begriffe kannst du im Register ganz hinten im Buch nachschlagen. Und wenn du einen Begriff nicht kennst, siehe im Glossar auf den Seiten 44-45 nach.

1 Zutatenliste

Diese Liste gibt an, welche Dinge du zum Experimentieren benötigst. Du siehst auch, ob du einen Helfer beim Experimentieren brauchst.

2 Schwierigkeitsgrad

Hier erkennst du den Schwierigkeitsgrad eines Experiments. Es gibt drei Schwierigkeitsstufen: leicht, mittel und schwer.

3 Zeitangabe

Hier steht, wie lange das Experiment ungefähr dauert.

4 Experiment

Schritt für Schritt wird hier gezeigt und erklärt, wie du bei dem Experiment vorgehen musst, damit alles gut klappt.

5 Zwischenfragen

Die orangefarbigen Fragen helfen dir, auf ganz bestimmte Dinge zu achten oder zu überlegen, was wohl gleich passieren wird.

Gewusst, wie!

Liebe Erwachsene, für einige Experimente in diesem Buch ist es nötig, kleine Löcher in einen Plastikbecher oder eine Plastikflasche zu machen. Hierfür gibt es einen guten Trick:

Halten Sie einen Nagel mit einer Zange fest und erhitzen Sie ihn über einer Kerzenflamme. Wenn Sie den heißen Nagel dann in das Plastik stechen, schmilzt er ein perfektes Loch hinein. Alternativ können Sie das Loch auch mit einem Handbohrer oder einer spitzen Schere bohren. Seien Sie jedoch vorsichtig, das Plastik könnte dabei ein Stück aufplatzen.

Und, blickt ihr durch? Dann legt los!

---

voll und leer

10

Was passiert? 6

Wenn du die geschlossene Flasche unter Wasser drückst, fließt das Wasser nicht in die Flasche hinein. Öffnest du dann aber den Deckel, zischt es leise und die Flasche füllt sich langsam von unten mit Wasser.

Drehst du den Deckel wieder zu und ziehst dann die Flasche nach oben, bleibt das Wasser in der Flasche. Öffnest du den Deckel, hörst du wieder ein leises Zischen und das Wasser läuft ab.

Warum ist das so? 7

Tauchst du die Flasche unter Wasser, kann kein Wasser hineinfließen, weil sie ja nicht leer ist, sondern schon mit Luft gefüllt. Und wo Luft ist, kann das Wasser nicht hin. Öffnest du dann den Deckel, strömt die Luft oben heraus – du hörst das Zischen – und Wasser kann von unten in die Flasche fließen. Schraubst du den Deckel wieder zu und hebst die Flasche etwas an, hebst du das Wasser darin mit hoch und es fließt nicht aus der Flasche. Damit es ausfließen kann, muss nämlich Luft seinen Platz einnehmen. Doch solange der Deckel zu ist, geht das nicht. Erst wenn du ihn abschraubst, strömt Luft von oben in die Flasche und das Wasser fließt nach unten in die Schüssel.

Wo kommt das noch vor? 8

Bestimmt hast du schon einmal Limonade mit einem Trinkhalm getrunken. Du saugst daran, es dauert einen Moment und schon fließt die Limonade in deinen Mund. Du musstest erst die Luft aus dem Halm saugen, dann war Platz für die Limonade. Vielleicht hast du auch schon mal Limonade mit dem Trinkhalm umgefüllt? Steckt der Trinkhalm im Getränk und du hältst ihn oben mit dem Finger zu, kannst du ihn mitsamt Flüssigkeit aus dem Glas nehmen. Sie läuft nicht heraus. Erst wenn du den Trinkhalm über ein anderes Glas hältst und deinen Finger oben wegnimmst, fließt die Limo ins andere Glas.

Meine Milch trinke ich lieber direkt aus dem Glas – ohne Strohhalm!

9

11

---

6 Ergebnis

Hier wird gezeigt und beschrieben, was am Ende bei dem Experiment herauskommt.

7 Erklärung

Hier erfährst du, warum bei dem Experiment die Dinge so geschehen, wie sie geschehen.

8 Beispiel aus dem Alltag

Das, was im Experiment geschieht, begegnet dir auch in deiner Umwelt. Hier erfährst du, wo es vorkommt und wie es funktioniert.

9 Professor Hein Stein

Das ist Prof. Hein Stein, ein außergewöhnlicher, äußerst schlitzohriger Forscher und Wissenschaftler. Er begleitet dich mit Witz und Charme durch dieses Buch.

10 Kapitel

Der farbige Balken zeigt dir an, in welchem Kapitel du dich befindest.

Luft sichtbar machen

Luft kann man nicht sehen, dennoch ist sie überall um uns herum. Sie lässt sich auch von Wasser nicht einfach verdrängen. Mithilfe von Wasser kannst du die Luft aber sichtbar machen.

Wie gehst du vor?

1 Tauche das Glas mit der Öffnung nach unten ganz gerade vorsichtig ins Wasser, bis es auf dem Boden steht. Achtung, nicht wackeln!

Was ist im Glas?

2 Jetzt kippe das Glas langsam etwas zur Seite.

Was wird wohl geschehen, wenn du das Glas kippst?

Auch wenn der Versuch einfach aussieht – du machst wie richtige Forscher ein richtiges Experiment!

Was passiert?

Wenn du das Glas ganz gerade unter Wasser tauchst, läuft kein Wasser hinein. Das Wasser wird unter dem Glas nach unten gedrückt. Kippst du das Glas, steigen Blasen nach oben. Gleichzeitig füllt es sich mit Wasser.

Übrigens: Was du gerade ausprobiert hast, geht auch umgedreht. Du kannst unter Wasser mit einem Trinkhalm Luftblasen in ein umgedrehtes, mit Wasser gefülltes Glas blubbern lassen und so das Wasser aus dem Glas verdrängen.

Warum ist das so?

Obwohl das Glas leer aussieht, ist es mit unsichtbarer Luft gefüllt. Drückst du nun das Glas mit der Öffnung nach unten unter Wasser, kann kein Wasser hineinfließen, da das Glas ja noch mit Luft gefüllt ist. Wenn du das Glas unter Wasser ankippst, steigt die Luft in Blasen an die Wasseroberfläche. Daran kannst du erkennen, dass Luft in dem Glas ist. So wird im Glas Platz frei und das Wasser fließt hinein.

Wir können auch die Luft sichtbar machen! Blubb, blubb. Es ist ganz einfach ;-)

Wo kommt das noch vor?

Taucher tragen eine Tauchermaske. Die Luft darin ermöglicht, dass sie besser sehen können. Manchmal jedoch bekommen Taucher einen Stoß auf die Maske, etwa durch den Flossenschlag ihres Tauchpartners. Dann geschieht das Gleiche wie in deinem Versuch, wenn du das Glas ankippst: Wasser gerät in die Maske und verdrängt die Luft darin. Um es wieder herauszubekommen, wenden Taucher deinen Versuch genau umgekehrt an: Sie drücken die Maske am oberen Rand leicht gegen das Gesicht und blasen dann kräftig in die Maske. Auf diese Weise verdrängt ihre ausgeatmete Luft das Wasser nach unten und aus der Maske heraus.

Luft braucht Platz

Manchmal sagen wir, dass eine Flasche leer ist. Aber – wie du in dem Experiment auf Seite 8 gesehen hast – ist dann doch etwas in der Flasche: etwas Unsichtbares, nämlich Luft! Und wo sie ist, kann nichts anderes hin. Teste es aus!

Wie gehst du vor?

1 Bitte einen Erwachsenen, mit dem Brotmesser den Boden von der Plastikflasche abzuschneiden. Drehe dann den Flaschendeckel fest zu.

Was brauchst du?

1 leere Plastik-Getränkeflasche mit Deckel (0,5 Liter)

1 Brotmesser

1 durchsichtige Schüssel (Plastik oder Glas) mit Wasser

1 Erwachsenen als Helfer

❌ mittel   ⏱ 15 Minuten

2 Drücke die Flasche nun ganz gerade mit der Öffnung nach unten möglichst tief in die volle Wasserschüssel. Was beobachtest du? Öffne dann den Schraubdeckel ein wenig.

Was siehst du, wenn du den Deckel aufschraubst? Und was hörst du?

4 Zieh nun die Flasche nach oben, sodass sie unten gerade noch im Wasser ist. Öffne jetzt vorsichtig ein wenig den Schraubdeckel.

3 Wenn die Flasche vollgelaufen ist, drehe den Deckel wieder zu.

Was siehst und hörst du jetzt?

Was passiert?

Wenn du die geschlossene Flasche unter Wasser drückst, fließt das Wasser nicht in die Flasche hinein. Öffnest du dann aber den Deckel, zischt es leise und die Flasche füllt sich langsam von unten mit Wasser.

Drehst du den Deckel wieder zu und ziehst dann die Flasche nach oben, bleibt das Wasser in der Flasche. Öffnest du den Deckel, hörst du wieder ein leises Zischen und das Wasser läuft ab.

Warum ist das so?

Tauchst du die Flasche unter Wasser, kann kein Wasser hineinfließen, weil sie ja nicht leer ist, sondern schon mit Luft gefüllt. Und wo Luft ist, kann das Wasser nicht hin. Öffnest du dann den Deckel, strömt die Luft oben heraus – du hörst das Zischen – und Wasser kann von unten in die Flasche fließen. Schraubst du den Deckel wieder zu und hebst die Flasche etwas an, hebst du das Wasser darin mit hoch und es fließt nicht aus der Flasche. Damit es ausfließen kann, muss nämlich Luft seinen Platz einnehmen. Doch solange der Deckel zu ist, geht das nicht. Erst wenn du ihn abschraubst, strömt Luft von oben in die Flasche und das Wasser fließt nach unten in die Schüssel.

Wo kommt das noch vor?

Bestimmt hast du schon einmal Limonade mit einem Trinkhalm getrunken. Du saugst daran, es dauert einen Moment und schon fließt die Limonade in deinen Mund. Du musstest erst die Luft aus dem Halm saugen, dann war Platz für die Limonade. Vielleicht hast du auch schon mal Limonade mit dem Trinkhalm umgefüllt? Steckt der Trinkhalm im Getränk und du hältst ihn oben mit dem Finger zu, kannst du ihn mitsamt Flüssigkeit aus dem Glas nehmen. Sie läuft nicht heraus. Erst wenn du den Trinkhalm über ein anderes Glas hältst und deinen Finger oben wegnimmst, fließt die Limo ins andere Glas.

Meine Milch trinke ich lieber direkt aus dem Glas – ohne Strohhalm!

11

Kerze auf Tauchstation

Vor allem in der Weihnachtszeit gibt es überall Kerzen – in der Stadt, zu Hause, am Weihnachtsbaum. Aber sie stehen immer an der Luft, nie unter Wasser. Warum eigentlich nicht? Können sie unter Wasser nicht brennen? Teste es einfach einmal!

Wie gehst du vor?

1 Stelle zwei Teelichter auf den Tisch und bitte deinen Helfer, sie anzuzünden. Nimm dann ein Trinkglas und stülpe es über eines der Teelichter.

Was machen die beiden Flammen?

2 Fülle die Schüssel zu drei Vierteln mit Wasser und setze das dritte Teelicht vorsichtig auf das Wasser. Bitte deinen erwachsenen Helfer, das Teelicht anzuzünden.

3 Halte dann das zweite Trinkglas mit der Öffnung nach unten über das schwimmende Teelicht und drücke das Glas vorsichtig auf den Boden der Schüssel. Halte das Glas dort eine Weile fest.

Was geschieht mit dem Teelicht?

Was brauchst du?

1 große Schüssel Wasser

3 Trinkgläser

3 Teelichter

1 Papiertaschentuch

1 Feuerzeug oder Zündhölzer

1 Erwachsenen als Helfer

✗ mittel   ⏱ 15 Minuten

4 Knülle jetzt das Papiertaschentuch zusammen und drücke es auf den Boden des dritten trockenen Trinkglases. Drehe das Glas um und halte es über die Wasserschüssel. Dabei darf das Papiertaschentuch nicht herausfallen. Drücke das Glas nun langsam auf den Boden der Wasserschüssel, hebe es vorsichtig wieder aus dem Wasser und sieh dir das Papiertaschentuch genau an.

Was passiert?

Die offene Kerze auf dem Tisch brennt so lange, bis du sie ausbläst. Das Teelicht unter dem Glas brennt einen Weile, geht dann aber von selbst aus.

Das schwimmende Teelicht brennt. Drückst du es mit dem Glas unter Wasser, sinkt es auf den Schüsselboden und brennt dort noch eine kurze Zeit weiter.

Und das Papiertaschentuch bleibt bei seinem Tauchgang trocken.

Warum ist das so?

Kerzen brauchen viel Luft, um zu brennen. Unter dem übergestülpten Glas verbraucht die Kerzenflamme die kleine Menge Luft sehr schnell und die Kerze erlischt. Taucht man ein Trinkglas mit der Öffnung nach unten ins Wasser, bleibt Luft im Glas, drückt die Kerze auf den Boden der Schüssel und verhindert zudem, dass Wasser ins Glas gelangt. Das siehst du einerseits daran, dass das Papiertaschentuch und das Teelicht beim Tauchen trocken bleiben, und andererseits daran, dass das Teelicht unter Wasser eine Weile weiterbrennt. Bis die Flamme die Luft verbraucht hat.

Puuuh, welch ein Glück, dass Tauchen heute so einfach ist!

Wo kommt das noch vor?

Zum Atmen braucht man frische Luft. Moderne Taucher führen sie in Flaschen mit sich. Doch auch vor über 500 Jahren, als es noch keine Taucherflaschen gab, konnte man in einer Taucherglocke unter Wasser atmen. Diese Glocke hielt nämlich die Luft unter Wasser – genau wie das Trinkglas in deinem Experiment. So konnten Taucher eine Weile unter Wasser bleiben und unter der Glocke Luft holen.

Der Riesen-Trinkhalm

Aus einem Trinkhalm hast du sicher schon oft getrunken. Das war einfach. Aber geht das auch mit einem Trinkhalm, der so groß ist wie du? Probiere es einmal!

Wie gehst du vor?

1 Schneide einen der beiden Trinkhalme an einem Ende ca. 1 cm in Längsrichtung ein. Dabei hilft dir am besten dein Helfer. Stecke dann den zweiten Trinkhalm in das aufgeschnittene Ende des ersten. Klebe die Verbindung mit einem Stück Klebefilm gut ab, damit sie luftdicht verschlossen ist.

2 Fülle das Trinkglas mit Wasser und stelle es auf den Boden.

3 Halte den langen Trinkhalm in das Glas hinein. Wenn er zu lang ist, um daran zu saugen, stelle dich auf einen Hocker. Jetzt geht's los: Sauge so fest du kannst am Trinkhalm und versuche zu trinken. Bitte deinen Helfer, am Trinkhalm zu markieren, wie hoch du das Wasser ansaugen kannst. Dann saugt dein Helfer an dem Trinkhalm und du setzt die Markierung.

Schafft dein Helfer es, das Wasser höher anzusaugen als du?

Was brauchst du?

2 „Sangria-Trinkhalme" (ca. 75 cm lang)

ca. 75 cm

Klebefilm

1 Schere

Wasser

1 Trinkglas

1 Hocker

1 wasserfesten Filzstift

1 Erwachsenen als Helfer

✂ mittel   ⏱ 10 Minuten

14

Was passiert?

Wenn du an dem Trinkhalm saugst, steigt das Wasser im Trinkhalm hoch. Je fester du saugst, desto höher steigt es. Aber du wirst es nicht schaffen, aus dem Trinkhalm zu trinken. Auch dein Helfer schafft das wahrscheinlich nicht. Dabei ist das Saugen sehr anstrengend und ihr kommt schnell aus der Puste.

Oh weh, ist das aaaaanstrengend!! Aber es lohnt sich – hmmm, lecker!

Warum ist das so?

Freiwillig steigt das Wasser im Trinkhalm immer nur so hoch, wie es auch im Glas steht. Wenn es höher steigen soll, muss erst die Luft aus dem Halm abgesaugt werden. In diesem Experiment macht das deine Lunge, doch sie ist nicht stark genug, das Wasser bis zum oberen Ende des Riesen-Trinkhalms zu heben. Selbst die Lunge deines Helfers ist vermutlich nicht stark genug.

Wo kommt das noch vor?

Die Feuerwehr muss sich das Wasser zum Löschen manchmal aus einem Teich oder einem Fluss holen. Liegt der Teich tiefer als der Ort, an dem es brennt, benutzt die Feuerwehr starke Pumpen, um das Wasser zum Feuerwehrauto zu befördern. Dort sorgen weitere Pumpen dafür, dass das Wasser weit und kräftig spritzt. Genauso macht es die Feuerwehr, wenn durch Starkregen die Keller volllaufen: Dann pumpt die Feuerwehr das Wasser wieder heraus und in die Kanalisation.

Der Luftballon in der Flasche

Hast du schon einmal versucht, einen Luftballon in einer Flasche aufzublasen? Nein? Egal, es klappt sowieso nicht, weil die Flasche schon mit Luft gefüllt ist. Mehr passt einfach nicht hinein. Hier siehst du, wie es trotzdem geht.

Was brauchst du?

1 durchsichtige Glasflasche (0,75 oder 1 Liter)

Topfhandschuhe

Leitungswasser

1 Luftballon

1 Helfer

mittel   20 Minuten

Wie gehst du vor?

1 Zieh die Topfhandschuhe an. Fülle dann möglichst heißes Wasser aus der Leitung in die Flasche.

2 Lass die Flasche mit dem heißen Wasser etwa eine Minute lang stehen.

3 Schütte dann das Wasser wieder aus.

4 Halte die Flasche fest und bitte deinen Helfer, den Luftballon ganz schnell über die Öffnung der heißen Flasche zu ziehen.

5 Lass die Flasche jetzt abkühlen. Das geht schneller, wenn du kaltes Leitungswasser darüberlaufen lässt. Die Topfhandschuhe kannst du nun ausziehen. Zupfe ein paar Mal an dem Luftballon und lass ihn wieder los.

Was passiert mit dem Luftballon, wenn die Flasche kälter wird?

Was passiert?

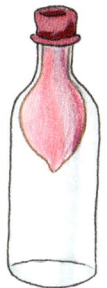

Während die Flasche abkühlt, zieht sich der Luftballon zusammen und wird ganz platt. Dann flutscht er sogar in die Flasche hinein und bläst sich mit Luft auf.

Warum ist das so?

Wenn du das heiße Wasser aus der Flasche ausschüttest, bleibt heiße Luft in der Flasche. Heiße Luft braucht jedoch mehr Platz als kalte. Kühlt die Flasche nun ab, wird auch die Luft kälter und braucht weniger Platz. Sie zieht sich also zusammen und zieht dabei auch den Luftballon in die Flasche hinein. Das sieht dann so aus, als ob sich der Luftballon in der Flasche aufbläst. Und je kälter die Luft wird, umso größer wird der Luftballon.

Wo kommt das noch vor?

Die Tür vom Gefrierschrank geht eigentlich ganz leicht auf, zum Beispiel wenn du dir ein Eis herausholst. Danach machst du die Tür schnell wieder zu. Wenn du sie aber sofort danach wieder versuchst aufzumachen, geht das viel schwerer. Beim ersten Öffnen ist nämlich warme Luft in den Gefrierschrank geströmt. Die hat sich im Gefrierschrank rasch abgekühlt. Und weil sich kalte Luft zusammenzieht, saugt sie die Tür von innen an.

Wie bitte? Die Tür vom Gefrierschrank geht nicht mehr auf? Wozu hast du überhaupt einen???

17

Kann man Luft sehen?

Luft kann man nicht sehen, denkst du wahrscheinlich. Denn sie ist ja schließlich durchsichtig! Das ist auch völlig richtig – aber mit einem kleinen Trick geht es doch …

Wie gehst du vor?

1 Stelle die Kerze auf den Tisch. Die Schreibtischlampe stellst du so auf, dass sie etwa 1 m entfernt von der Kerze steht. Richte sie so aus, dass sie auf der Höhe der Kerzenflamme ist und das Licht in Richtung Kerze scheint. Auf die andere Seite der Kerze hältst du ein weißes Blatt Papier.

Schalte jetzt die Schreibtischlampe an. Der Schatten der Kerze sollte auf dem weißen Blatt zu sehen sein.

2 Bitte nun deinen erwachsenen Helfer, die Kerze anzuzünden. Beobachte das Schattenbild der Kerze. Puste auch einmal ganz leicht in die Flamme.

Wie verändert sich der Schatten der Kerze, wenn du vorsichtig in die Flamme bläst?

Was brauchst du?

1 Kerze mit Ständer

Zündhölzer oder 1 Feuerzeug

1 helle Schreibtischlampe (am besten Halogenlampe)

1 weißes Blatt Papier (DIN A4)

1 Erwachsenen als Helfer

Ⓧ○○ leicht   ⊘ 10 Minuten

3 Puste die Kerze ganz aus und betrachte den Kerzenschatten.

Wie sieht das Schattenbild jetzt aus?

Was passiert?

Wenn die Kerze brennt, ist auch die Flamme auf dem Papier wie ein schwacher Schatten zu sehen. Und über der Flamme erkennst du eine Art Schleier, der sich gerade nach oben bewegt.

Bläst du in die Kerzenflamme hinein, flackert sie – und auch der Schleier im Schattenbild wackelt.

Pustest du die Kerze ganz aus, verschwinden auf dem Papier sowohl die Flamme als auch der Schleier und du siehst kurz den Schatten des Kerzenrauchs.

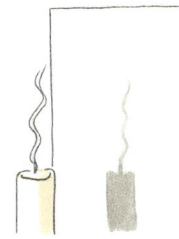

Warum ist das so?

Das Licht der Schreibtischlampe ist heller als das Kerzenlicht. Zudem ist die Luft über der Flamme viel heißer als die Luft in der Umgebung und damit anders. Dadurch wirft sie eine Art Schatten – auf dem Blatt ist dies als leichter Schleier zu erkennen. Gratuliere, du hast die Luft sichtbar gemacht! Und da heiße Luft leichter ist als kalte, steigen sie und ihr „Schattenbild" gerade nach oben. Durch einen Luftzug wie dein Pusten wird diese heiße Luft bewegt, und der Schleier auf dem Papier beginnt zu wackeln.

Tatsächlich – rund um den Wagen flimmert die Luft! Vor allem hier oben ist es gut zu sehen ...

Wo kommt das noch vor?

Auch an einem heißen Sommertag beginnt die Luft manchmal über schwarzem Asphalt oder einem dunklen Autoblech zu flimmern. Der Grund ist, dass sich die Luft direkt über etwas Dunklem viel stärker erhitzt als die Luft darüber. Verstärkt wird das noch durch heiße Maschinen oder Motoren. Darum sieht man bei Formel-1-Rennen die Luft über der Rennbahn und den Rennwagen oft flirren.

Ein Teebeutel hebt ab

Teebeutel sind leicht – normalerweise gibt man sie in eine Tasse und übergießt sie mit heißem Wasser. Dafür, dass sie auch fliegen können, sind sie nicht bekannt. Wie du sie dennoch dazu bringst, erfährst du gleich …

Wie gehst du vor?

1 Als Erstes musst du das obere Ende des Teebeutels mit der Schere abschneiden und den Tee herausschütteln. Es dürfen danach keine Teereste mehr am Beutel sein. Klapp dann den Teebeutel auf, streiche ihn glatt, gehe mit zwei Fingern in den entstandenen Teebeutelschlauch und forme ihn zu einer Röhre.

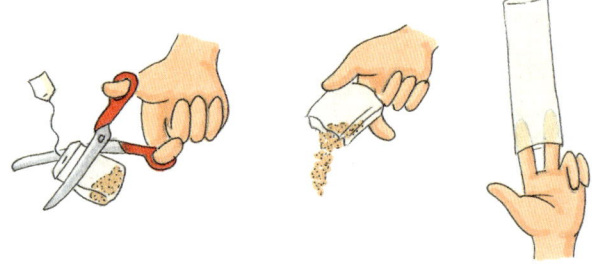

2 Gehe jetzt mit deinem Helfer am Besten ins Freie. Bei diesem Experiment darf jedoch kein Luftzug gehen – es muss absolut windstill sein. Stelle die Teebeutelröhre aufrecht auf den Teller. Gib dabei acht, dass sie nicht umfällt.

Was brauchst du?

1 Schere

1 Teebeutel

Zündhölzer oder 1 Feuerzeug

1 großen Teller

1 windstillen Tag

1 Erwachsenen als Helfer

mittel   10 Minuten

3 Jetzt wird's spannend! Bitte deinen erwachsenen Helfer, den Teebeutel am oberen Ende anzuzünden.

Wenn der Teebeutel brennt, beobachte ihn ganz genau.

Was passiert?

Der Teebeutel lässt
sich leicht anzünden.
Die Flamme frisst
sich schnell vom obe-
ren Ende nach unten. Ist der
Teebeutel fast ganz verbrannt,
steigt er plötzlich in die Höhe und glimmt in
der Luft noch etwas. Schließlich sinken seine
schwarzen verkohlten Reste langsam wieder
zu Boden.

Warum ist das so?

Der Teebeutel ist aus ganz dünnem, leichtem
Papier, das schnell Feuer fängt. Dadurch,
dass der Teebeutel verbrennt, wird er immer
leichter. Gleichzeitig erhitzt sich durch das
Feuer die Luft um den Teebeutel herum. Da
diese heiße Luft leichter als die Umgebungs-
luft ist, steigt sie nach oben und reißt dabei
den Rest des Teebeutels mit. Ist der flie-
gende Teebeutel verbrannt, bleiben von ihm
zunächst noch glimmende und letztlich kleine
schwarze, federleichte Ascheteilchen zurück.
Sie schweben in der Luft, bis sie langsam zu
Boden trudeln.

> Autsch!!
> Gut, dass bei mir
> daheim am Kamin eine
> Glasscheibe verhindert,
> dass ich mich
> entzünde ...

Wo kommt das noch vor?

Bei einem großen Lagerfeuer ist gut zu beobachten, wie es haufenweise Funken sprüht.
Das sind kleine glühende Holzstückchen, die
durch die Hitze aus dem Holz herausesprin-
gen und von der heißen Luft um das Feuer oft
weit in die Höhe gerissen werden. Das ist sehr
schön anzusehen, aber auch gefährlich. Denn
wenn die Stückchen noch glühen, wenn sie
wieder herabregnen, können sie woanders ein
Feuer entfachen.

21

Die magische Luftpumpe

Wie pumpst du normalerweise einen Luftballon auf? Genau – man pustet hinein. Aber geht es auch anders? In diesem Experiment wirst du tatsächlich einen Luftballon aufblasen, ohne dass du selbst pusten musst.

Wie gehst du vor?

1 Stülpe die Tülle des leeren Luftballons über die Glasflasche.

2 Stelle die Glasflasche in die Wasserschüssel und die Schüssel unter den Wasserhahn. Lass nun heißes Wasser an der Flasche entlang in die Schüssel laufen, bis sie voll ist. Warte dann ein paar Minuten.

Verändert sich etwas? Und wenn ja, was?

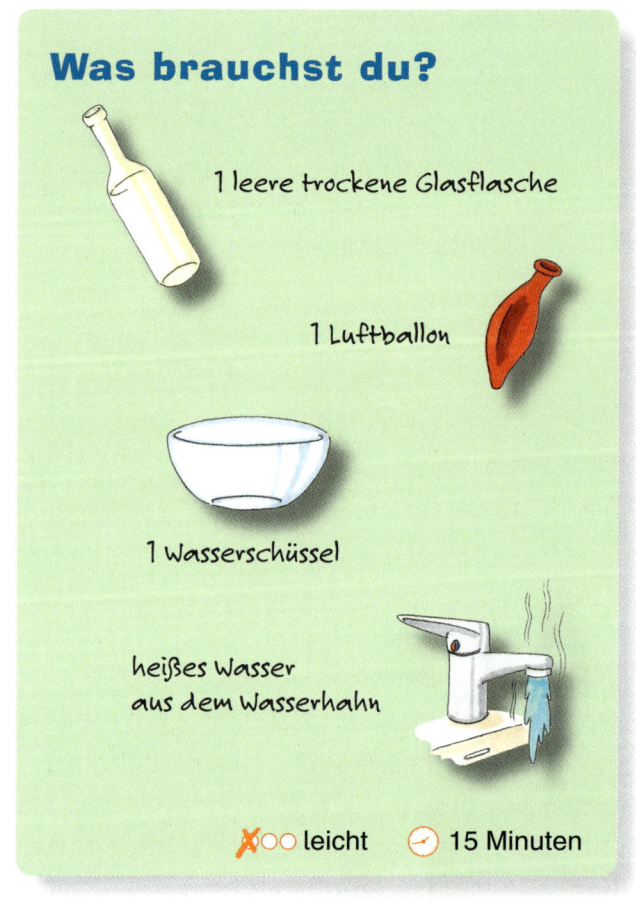

Was brauchst du?

1 leere trockene Glasflasche

1 Luftballon

1 Wasserschüssel

heißes Wasser aus dem Wasserhahn

✗○○ leicht   ⏱ 15 Minuten

Ich glaub', ich brauch' auch bald eine magische Luftpumpe ...

Was passiert?

Sobald du heißes Wasser über die Flasche laufen lässt, richtet sich der Luftballon langsam auf und wird mit der Zeit immer größer.

Aber er wird nicht so groß, wie wenn du ihn mit dem Mund aufpusten würdest.

Warum ist das so?

Wenn du heißes Wasser über die Flasche laufen lässt, erwärmt sich zunächst die Flasche und dann die Luft in der Flasche. Doch Luft dehnt sich aus, wenn sie warm wird, und braucht dann mehr Platz. Weil aber in der Flasche nicht so viel Platz ist, weicht die Luft nach oben aus und pumpt den Luftballon allmählich auf. Wird die Luft wieder kälter, passiert genau das Gegenteil. Die Luft zieht sich zusammen, braucht dann weniger Platz und der Ballon wird schlapp.

Ganz schön eng am Himmel!

Wo kommt das noch vor?

Ein Heißluftballon ist ein riesiger Ballon aus Stoff. Soll er in den Himmel steigen, wird erst die Ballonhülle auf dem Boden ausgebreitet und mit einem großen Gebläse mit Luft gefüllt. Diese Luft erhitzt man mit der Flamme eines Gasbrenners, wodurch sich die Ballonhülle immer weiter aufbläht – ganz wie in deinem Experiment. Ist der Ballon prall, erhitzt man weiter, und weil heiße Luft leichter ist als kalte, steigt der Ballon in die Lüfte. Er trägt dann sogar einen Korb mit Menschen. Wollen die Passagiere wieder landen, schalten sie die Gasflamme kleiner und der Ballon sinkt.

Spürst du die Luft?

Luft ist unsichtbar, man kann sie nicht sehen und auch nicht schmecken oder riechen. Und trotzdem ist sie fast überall. Und wir spüren sie sehr oft – so wie hier in diesem Experiment.

Wie gehst du vor?

1 Gehe mit deinen Mitspielern am besten ins Freie, denn ihr braucht viel Platz. Breitet dort das Tuch auf dem Boden aus. Dann verteilen sich alle Mitspieler gleichmäßig um das Tuch, gehen in die Hocke und halten das Tuch mit beiden Händen gut fest.

Was brauchst du?

1 Schwungtuch aus Seide oder ein großes, möglichst leichtes Betttuch

4 (oder mehr) Mitspieler

✗○○ leicht   ⏱ 10 Minuten

Schwung-
tücher benutze
ich immer
anders!

2 Steht nun alle gleichzeitig langsam auf und hebt das Tuch ganz langsam hoch über euren Kopf. Anschließend lasst ihr das Tuch ganz langsam wieder zu Boden sinken. Zieht aber dabei nicht am Tuch, sondern habt Geduld und lasst es nur sinken. Danach macht ihr das Ganze nochmal schnell:

Schnellt alle gleichzeitig aus der Hocke in die Höhe, hebt das Tuch hoch über euren Kopf und zieht es so schnell wie möglich wieder in Richtung Boden.

Wie sieht das Tuch beim Heben und Senken aus? Gibt es einen Unterschied zwischen den beiden Durchgängen? Welchen?

Was passiert?

Wenn ihr das Tuch langsam hochhebt und wieder absenkt, passiert eigentlich nicht viel. Das Tuch hängt dabei schlapp in der Luft.

Hebt ihr das Tuch hingegen schnell hoch, bläht sich das Tuch nach unten auf, und zieht an euren Händen. Auch beim Herunterziehen fühlt ihr einen Widerstand und das Tuch wölbt sich nach oben.

Warum ist das so?

Das ist wie beim Roller- oder Radfahren. Je schneller du fährst, desto stärker spürst du den Gegenwind. Das ist der Widerstand, den die Luft der Bewegung entgegensetzt. Genauso ist es beim Schwungtuch: Wenn ihr es langsam bewegt, spürt ihr fast nichts. Zieht ihr es jedoch schnell hoch, müsst ihr euch richtig anstrengen, um den Luftwiderstand, der das Tuch bremst, zu überwinden.

Wo kommt das noch vor?

Ein Fallschirm ist zwar viel größer als ein Schwungtuch und hat dadurch einen viel größeren Luftwiderstand, aber er funktioniert genauso. Fallschirmspringer springen in großer Höhe aus einem Flugzeug, öffnen nach einer kurzen Weile ihren Fallschirm und kommen dank des Luftwiderstandes, der den Fallschirm aufbläht und abbremst, sicher auf dem Boden an.

Mist, der Fallschirm ist ja viel zu klein für mich! Hilfäääh!

Windschutz – rund oder eckig?

Du kannst zwar die Luft nicht sehen, aber manchmal macht sie sich doch bemerkbar: als Wind. Du kennst den Wind in den Bäumen und den Fahrtwind beim Radfahren. Auch beim Pusten entsteht Wind. Den schauen wir uns hier genauer an.

Wie gehst du vor?

1 Stelle die Flasche und den Getränkekarton nebeneinander im Abstand von einer guten Armlänge auf den Tisch. Bitte deinen Helfer, sowohl hinter die Flasche als auch hinter den Getränkekarton eine brennende Kerze zu stellen.

2 Blase nun direkt von vorne gegen den Getränkekarton.

Schaffst du es, die Kerze auszublasen?

Was brauchst du?

2 gleiche Kerzen

Zündhölzer

1 eckigen 1-Liter-Getränkekarton mit quadratischer Grundfläche

1 runde 1-Liter-Flasche

1 Erwachsenen als Helfer

✗○○ leicht   ⏱ 10 Minuten

3 Versuche jetzt auf die gleiche Weise, die Kerze hinter der Flasche auszublasen.

Der beste Windschutz ist: sich flach hinlegen ;-)

Lässt sich diese Kerze leichter ausblasen?

26

Was passiert?

Wenn du gegen den eckigen Karton pustest, flackert die Kerze nur. Du schaffst es kaum, sie auszublasen.

Die Kerze hinter der runden Flasche hingegen kannst du leicht ausblasen.

Warum ist das so?

Hinter dem eckigen Milchkarton ist die Kerze vor dem Wind, den du beim Pusten erzeugst, geschützt, denn die Luft wird vom Karton aufgehalten und zur Seite abgelenkt. Bei der Flasche ist das anders. Weil sie rund ist, strömt der Wind seitlich ganz eng um die Flasche herum und bläst die Kerze aus.

Hui, meine Haare flattern schon richtig!

Wo kommt das noch vor?

Wenn du mit dem Roller fährst, spürst du, dass dir Wind entgegenbläst. Das ist der Fahrt- oder Gegenwind. Auch wenn Autos schnell fahren, haben sie es mit dem Gegenwind zu tun. Deshalb haben viele schnelle Autos runde, flache Formen. Sie haben möglichst wenige Ecken, damit der Wind gut vorbeikommt und die Autos möglichst wenig bremst.

Ein Kissen aus Luft

Dass man auf einem Kissen aus Luft liegen kann, beweist jede Luftmatratze. Aber kann man auf einem Luftkissen auch schweben? Und das ganz ohne eine Kunststoffhaut um das Luftkissen? Das klingt unglaublich – aber probiere es aus!

Wie gehst du vor?

1 Bitte deinen erwachsenen Helfer, ein etwa 5 mm großes Loch in den Flaschendeckel zu schmelzen. Wie das geht, könnt ihr auf Seite 7 nachlesen.

2 Klebe den Deckel über das Loch auf der CD. Achte darauf, dass die Klebestelle luftdicht wird, und warte, bis der Kleber getrocknet ist.

3 Blase den Luftballon voll auf und drehe dann die Öffnung zu, damit keine Luft entweicht. Jetzt bitte deinen Helfer, den zugedrehten Ballon über den Flaschendeckel zu stülpen.

Was brauchst du?

- 1 alte CD, die du nicht mehr brauchst
- 1 großen Luftballon
- 1 Deckel von einer Getränkeflasche
- 1 Kombizange
- 1 Nagel
- 1 Kerze
- 1 Feuerzeug oder Streichhölzer
- Alleskleber
- 1 große Tischfläche
- 1 Erwachsenen als Helfer

●●✗ schwer ⏱ 20 Minuten

4 Gehe zu dem Tisch, lege das Tischtuch beiseite und setze die CD mit dem Ballon auf den Tisch. Halte den Ballon dabei gut verschlossen. Jetzt geht's los! Drehe die Ballonöffnung auf, sodass die Luft heraus kann, und gib der CD schnell einen Schubs. Wenn der Ballon leer ist, stupst du die CD noch mal an.

Was passiert?

Sobald du die Ballontülle aufdrehst, hebt sich die CD über die Tischplatte. Wenn du sie anstupst, gleitet sie ganz leicht davon.

Ist der Ballon leer, bleibt die CD auf dem Tisch stehen. Wenn du sie jetzt anstupst, gleitet sie sich nicht mehr so leicht über den Tisch.

Warum ist das so?

Durch das Aufpusten ist die Gummihaut des Luftballons gespannt. Wird der Ballon geöffnet, entspannt sich der Gummi und presst dabei die Luft aus dem Ballon. Die Luft entweicht daher sehr schnell und bildet unter der CD eine Schicht aus Luft – ein Luftkissen. Auf diesem Luftkissen gleitet die CD ganz leicht über den Tisch. Sobald die Luft aus dem Luftballon entwichen ist, verschwindet das Luftkissen und die CD rutscht nur noch kurz weiter. Stupst du sie erneut an, gleitet sie viel schlechter als vorher. Denn dann reibt sie direkt auf der Tischplatte, was viel Energie kostet und sie abbremst.

Wo kommt das noch vor?

Wenn sich große Schiffe durch das Meer pflügen, bremst das Wasser sie stark ab. Damit sie dennoch vorwärts kommen, braucht der Schiffsmotor sehr viel Kraft. Bei Luftkissenbooten ist das anders, denn sie schweben dicht über dem Wasser. Eine Turbine erzeugt ein Luftkissen unter dem Boot und zwei oder mehr Propeller am Heck schieben das Boot voran. Darum können Luftkissenboote viel schneller fahren als normale Schiffe – und auf dem Luftkissen sogar über das flache Ufer schweben! Allerdings funktioniert das Luftkissen nur bei kleineren Booten.

Schweben ist bestimmt toll!! Wenn ich groß bin, werde ich ein Blatt.

10, 9, ... 4, 3, 2, 1 – und los!

Eine Rakete aus einer Flasche, Trinkhalmen und Luft basteln? Geht das? Seltsam … Und was hat die Luft dabei zu tun? Am besten, du probierst es selbst aus …

Wie gehst du vor?

1 Bitte deinen erwachsenen Helfer, in den Deckel der Flasche ein Loch zu schmelzen. Wie das geht, könnt ihr auf Seite 7 nachlesen. Das Loch muss so groß sein, dass der normale Trinkhalm durchpasst.

2 Stecke diesen Trinkhalm so durch das Loch, dass oben etwa 12 cm herausschauen. Dichte den Übergang zwischen Trinkhalm und Deckel auf der Innenseite des Deckels mit Knete gut ab. Schraube dann den Deckel mit dem Trinkhalm fest auf die Flasche.

3 Schneide nun von dem breiteren Trinkhalm etwa 12 cm ab und verschließe ein Ende luftdicht. Dazu knickst du das Trinkhalmstück an einem Ende etwa 1 cm um und klebst dieses Ende mit Klebefilm an dem Halm fest.

Was brauchst du?

1 (Einweg-)Getränkeflasche aus dünnwandigem Kunststoff (1 Liter oder größer)

1 normalen Trinkhalm

1 breiten „Sangria-Trinkhalm"

Klebefilm

Knete

1 Schere

1 Kombizange

1 Nagel

1 Kerze

1 Feuerzeug oder Streichhölzer

1 Erwachsenen als Helfer

●●✗ schwer ⏱ 15 Minuten

4 Setze dann das abgedichtete Trinkhalmstück auf den schmalen Trinkhalm, der auf der Flasche steckt, und drücke die Flasche langsam und vorsichtig mit beiden Händen zusammen. Drücke anschließend die Flasche schnell und mit aller Kraft zusammen.

Was passiert?

Wenn du die Flasche langsam und vorsichtig zusammendrückst, hörst du nur das Knacken des Kunststoffs und ein leises Zischen.

Drückst du jedoch schnell und kräftig auf die Flasche, saust das breite Trinkhalmstück wie eine Rakete davon.

Warum ist das so?

In der Flasche ist Luft. Drückst du langsam auf die Flasche, wird diese kleiner. Die Luft in der Flasche hat somit weniger Platz und muss entweichen. Das kann sie – mit einem leisen Zischen – nur durch den schmalen Zwischenraum zwischen den beiden Trinkhalmen. Wenn du jedoch schnell drückst, entsteht in der Flasche für kurze Zeit ein Überdruck, der den Trinkhalm wegschleudert.

Hui, hoffentlich geht das gut!!

Wo kommt das noch vor?

Nicht nur Trinkhalme, sondern auch kleine Pfeile kann man mit Luft bewegen. So jagen zum Beispiel die Ureinwohner Brasiliens Vögel und Fische mit Blasrohren, in denen kleine Pfeile stecken. Sie blasen kurz und kräftig in das lange Rohr und ein Pfeil schießt heraus. Auch der Tierarzt im Zoo macht es so, wenn

er gefährliche Tiere untersuchen will: So kann er mit einem Blasrohr, in dem eine Spritze steckt, ein krankes Tier betäuben, ohne sich selbst in Gefahr zu bringen.

Wirbel in der Wasserflasche

Eine Flasche mit Wasser auszugießen, ist einfach: die Flasche über Kopf halten und einfach nur warten. Aber das dauert …! Probiere mal aus, wie du die Flasche schneller leeren kannst. Das Geheimnis ist hier mal wieder die Luft!

Was brauchst du?

1 Glasflasche

1 Spülbecken mit Wasserhahn

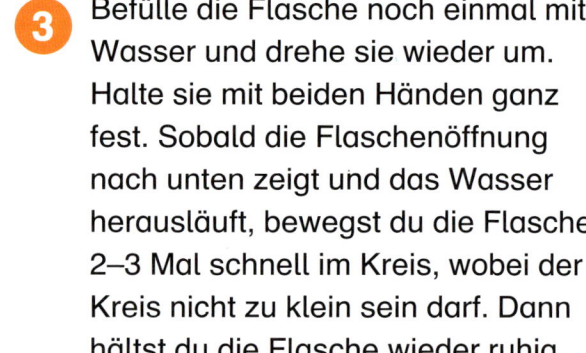

✘○○ leicht   ⌚ 5 Minuten

Wie gehst du vor?

1 Fülle die Flasche ganz voll mit Wasser.

2 Jetzt drehst du die Flasche über dem Spülbecken so um, dass die Flaschenöffnung nach unten zeigt.

Wie läuft das Wasser aus der Flasche heraus? Wie hört es sich an?

3 Befülle die Flasche noch einmal mit Wasser und drehe sie wieder um. Halte sie mit beiden Händen ganz fest. Sobald die Flaschenöffnung nach unten zeigt und das Wasser herausläuft, bewegst du die Flasche 2–3 Mal schnell im Kreis, wobei der Kreis nicht zu klein sein darf. Dann hältst du die Flasche wieder ruhig.

Was hörst du? Wie läuft das Wasser aus der Flasche?

Ich wirbel' auch grad herum – ich hab's aber gleich …!

Was passiert?

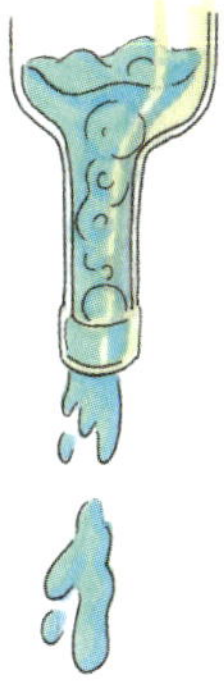

Sobald du die Flasche auf den Kopf stellst, läuft natürlich das Wasser heraus. Dabei gluckst und gluckert es. Das Wasser kommt nicht gleichmäßig aus der Flasche, sondern stoßweise. Zudem steigen in der Flasche Luftblasen auf.

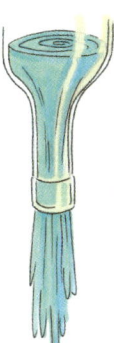

Hast du aber die Flasche im Kreis gedreht, verhält sich das Wasser anders. Es entsteht in der Flasche ein Wirbel und das Wasser hört auf zu gluckern. Es kommt jetzt mit einem breiten Strahl aus der Flasche.

Warum ist das so?

Damit Wasser aus der Flasche herauslaufen kann, muss Luft hineingelangen. Wenn du die Flasche auf den Kopf stellst, passiert das immer abwechselnd: Denn immer wieder verstopft ein Wasserschwall die Öffnung und Luft kann erst wieder in die Flasche, wenn der Wasserschwall raus ist. Lässt du die Flasche hingegen kreisen, entsteht in der Flasche ein Wasserwirbel, der in der Mitte einen offenen Kanal hat – wie ein Trinkhalm. Durch diesen Kanal kann Luft in die Flasche hinein – und gleichzeitig kann das Wasser herauslaufen.

Wo kommt das noch vor?

Im Fernsehen wird ab und zu von einem Tornado berichtet, der durch ein Dorf fegte. Das ist ein riesiger Wirbel aus Luft, der vom Boden bis zu den Wolken reicht. In seiner Mitte gibt es ebenfalls einen Kanal – dort ist es windstill. Tornados treten bei uns manchmal im Sommer auf. Sie können sehr gefährlich sein, weil sie ganz plötzlich entstehen, oft sehr sehr stark sind und dadurch Bäume ausreißen oder Dächer abdecken. Dann verschwinden sie so schnell, wie sie gekommen sind.

Nix wie weg von hier!!!

33

Wind macht Wellen

Was hat Luft mit Wind zu tun? Gute Frage – es ist aber ganz einfach: Wind ist Luft, die sich bewegt. Und wieso macht Wind Wellen? Genau das findest du hier raus! Aber versprich, dass du den Versuch nicht ohne einen Erwachsenen machst.

Wie gehst du vor?

1 Fülle das Backblech halb voll Wasser.

2 Nimm mit dem Teelöffel ein wenig Wasser heraus, warte, bis sich das Wasser wieder beruhigt und eine spiegelglatte Oberfläche hat. Lass dann einen Tropfen in die Mitte des Backblechs fallen.

Was kannst du beobachten?

3 Warte wieder, bis das Wasser zur Ruhe gekommen ist, hebe das Backblech an der Seite ein klein wenig an und setze es gleich wieder ab.

Sieh genau hin. Was passiert?

Was brauchst du?

1 Fön, am besten mit mehreren Stufen

1 Backblech mit hohem Rand

1 Teelöffel

Wasser

1 Erwachsenen als Helfer

✗●● leicht   🕐 10 Minuten

4 Ab jetzt muss dir ein Erwachsener helfen, denn du experimentierst mit einem elektrischen Fön. Bitte deinen Helfer, den Fön einzuschalten und ihn von schräg oben auf die Wasseroberfläche zu richten. Dabei sollte der Fön etwa 20 cm vom Backblech entfernt sein. Probiert verschiedene Fön-Stärken aus und richtet den Fön auch mal steiler und mal flacher auf die Wasseroberfläche. Er darf aber auf keinen Fall das Wasser berühren!

Wie verändert sich die Wasseroberfläche?

Was passiert?

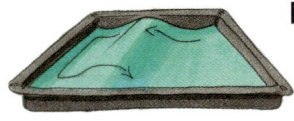

Der Tropfen, der auf das spiegelglatte Wasser fällt, erzeugt kreisförmige Wellen, die sich von der Mitte des Backblechs zum Rand bewegen.

Hebst du das Backblech am Rand kurz an, entsteht eine gerade Welle, die sich zur anderen Seite des Blechs bewegt und von dort wieder zurückkommt. Das geht zwei- bis dreimal hin und her.

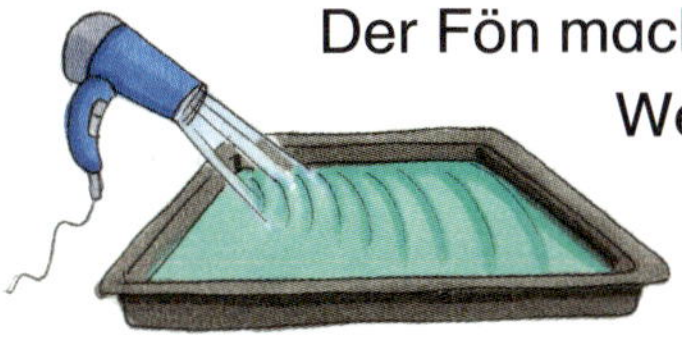

Der Fön macht schließlich viele Wellen auf einmal, die im Wasser zu stehen scheinen. Und je stärker der Fön bläst, desto höher werden die Wellen.

Warum ist das so?

Eine Welle entsteht, wenn ruhiges Wasser bewegt wird. Schon ein einzelner Tropfen kann eine kleine (ringförmige) Welle erzeugen. Wenn du das Backblech kurz anhebst, bewegt sich das gesamte Wasser. Dabei entsteht eine gerade Wellenwand, die von einem Widerstand – dem Rand des Backblechs – zurückgeworfen wird. Die Luft des Föns, also ein Wind, hingegen reibt sich am Wasser und bewegt es auf diese Weise. Die Wellen bleiben so lange erhalten, bis ihr den Fön wegnehmt.

Wo kommt das noch vor?

Auch die großen Wellen im Meer entstehen durch Wind, der sich am Wasser reibt – genau wie bei dem Fön-Experiment. Je stärker der Wind und je größer die Wasseroberfläche ist, desto höher werden die Wellen. Bei einem starken Sturm auf dem offenen Meer können die Wellen sogar so hoch werden, dass sie auch große Schiffe in Gefahr bringen.

Hilfääääh!

Kann Papier Wasser festhalten?

Wasser ist viel schwerer als Papier – kann ein Blatt Papier da tatsächlich Wasser daran hindern, dass es herabfällt? Das klingt unglaublich, aber es geht! Probiere es aus! Und wenn es klappt, kannst du das Experiment als Zaubertrick vorführen.

Wie gehst du vor?

1 Schneide aus dem Papier oder dem Karton ein Viereck heraus, das etwas größer ist als die Öffnung des Glases. Das Glas füllst du randvoll mit Wasser.

Was brauchst du?

1 Trinkglas

1 Schere

1 Blatt kräftiges Papier oder Karton

1 Spülbecken, Wasser

✗●● leicht   5 Minuten

Dieses Papier-schiffchen hält das Wasser schon einmal nicht fest – kann dein Papier es?

2 Halte nun das Glas über das Spülbecken. Lege das Papier auf das Wasserglas und drücke es mit der flachen Hand leicht auf das Glas. Drehe dann das Glas mit dem Papier langsam so um, dass es mit der Öffnung nach unten zeigt. Halte dabei das Papier weiter fest.

3 Jetzt nimmst du die Hand, die das Papier hält, ganz vorsichtig weg.

Was beobachtest du?

Was passiert?

Das Wasser läuft nicht aus dem umgedrehten Glas heraus, obwohl es viel schwerer ist als das Papier, mit dem du das Glas unten abgedeckt hast. Erst nach einer ganzen Weile löst sich das Papier und das Wasser fällt nach unten.

Warum ist das so?

Nicht das Papier hält das Wasser im Glas fest, sondern die Luft, die von unten auf das Papier drückt. Denn über uns sind noch einige Kilometer Luft, und diese Luft hat ein ganz schönes Gewicht, mit dem sie auf uns lastet und drückt. Dieser Druck – der Luftdruck – herrscht rings um uns herum, auch von unten gegen das Papier. Das Papier sorgt also nur dafür, dass keine Luft ins Glas kann. Denn wie bei dem Experiment auf Seite 32 kann das Wasser nur raus, wenn Luft ins Glas hinein kann.

Schaut mal: Die schwarze Linie ist die „Schale" der Erde. Sie ist gar nicht so dick – oder?

Wo kommt das noch vor?

Die Luft, die sich überall um uns herum befindet, reicht mehrere Kilometer hoch, bis zu den höchsten Bergen – und noch weiter. Sie umgibt unsere Erde wie die Schale von einem Apfel. Diese „Schale" aus Luft nennt man Erdatmosphäre. Und obwohl die Luft unsichtbar ist, wiegt sie etwas. Durch dieses Gewicht drückt sie nicht nur von oben, sondern von allen Seiten auf alles, was sich auf der Erde befindet.

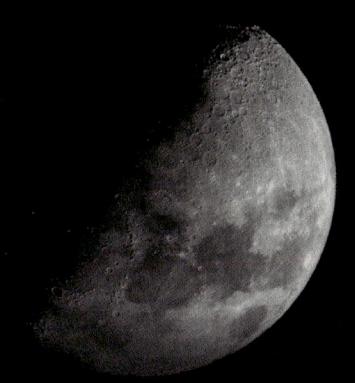

Der schwebende Luftballon

Dass ein Luftballon fliegen kann, hast du sicher schon oft gesehen. Aber meistens steigen sie dabei hoch und fliegen davon, oder sie sinken schnell wieder zu Boden. Kann er nicht einfach ruhig in der Luft schweben?

Was brauchst du?

1 Luftballon

1 Staubsauger

1 Erwachsenen als Helfer

● mittel   🕐 10 Minuten

Wie gehst du vor?

1 Puste den Luftballon auf und bitte deinen erwachsenen Helfer, ihn zuzuknoten.

2 Sieh dir den Staubsauger genau an. Sicher hat er einen Regler, mit dem du einstellen kannst, wie stark er den Schmutz einsaugt. Schalte den Staubsauger auf die höchste Stufe und finde heraus, wo die eingesaugte Luft wieder rauskommt. Stelle ihn so hin, dass die Luft nach oben ausströmt. Wenn der Staubsauger so nicht steht, bitte deinen Helfer, das Gerät festzuhalten.

4 Teste nun, was geschieht, wenn du den Staubsauger schwächer einstellst. Und zum Schluss neige den Staubsauger langsam so, dass der Luftstrom nicht mehr nach oben, sondern leicht zur Seite bläst.

Was geschieht nun mit dem Luftballon?

3 Halte den Luftballon etwa einen Meter über dem Staubsauger in den Luftstrom und lass ihn los.

Und? Was macht der Luftballon?

Was passiert?

Der Luftballon tanzt einen kurzen Moment im Luftstrom des Staubsaugers auf und ab und findet dann eine bestimmte Stelle, an der er fast in der Luft stehen bleibt. Wenn das nicht auf Anhieb klappt, probiere es noch einmal.

Stellst du den Sauger schwächer, sinkt der Ballon und schwebt dann etwas niedriger über dem Sauger. Wenn du ihn wieder stärker einstellst, steigt der Ballon höher. Und kippst du den Staubsauger zur Seite, folgt der Ballon der Bewegung, bis er schließlich herunterfällt.

Warum ist das so?

Staubsauger saugen nicht nur, sie blasen die angesaugte Luft auch wieder heraus. Der Luftstrom ist etwa so breit wie der Luftballon und bläst ihn in die Höhe. Aber warum fällt der Ballon nicht seitlich, also neben dem Luftstrom, herunter? Das liegt daran, dass sich die Luft in der Mitte des Luftstroms schneller bewegt als an dessen Rand. Dadurch ist der Druck, den die Luft macht, in der Mitte des Luftstroms geringer. Es bildet sich dort eine Art „Delle" in der Luft und der Ballon bleibt dort ruhig liegen.

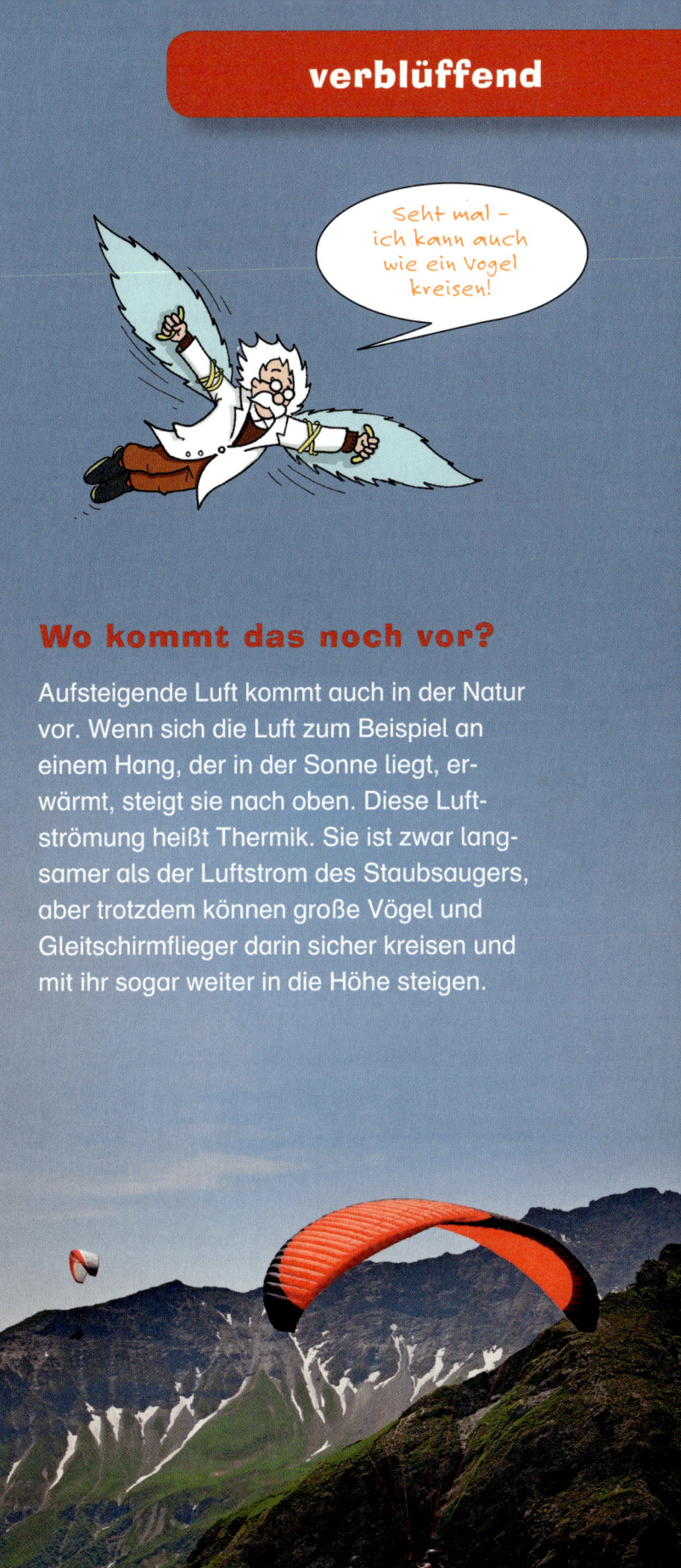

verblüffend

Seht mal – ich kann auch wie ein Vogel kreisen!

Wo kommt das noch vor?

Aufsteigende Luft kommt auch in der Natur vor. Wenn sich die Luft zum Beispiel an einem Hang, der in der Sonne liegt, erwärmt, steigt sie nach oben. Diese Luftströmung heißt Thermik. Sie ist zwar langsamer als der Luftstrom des Staubsaugers, aber trotzdem können große Vögel und Gleitschirmflieger darin sicher kreisen und mit ihr sogar weiter in die Höhe steigen.

Der fliegende Trinkhalm

Luftballons können schweben, weil sie sehr leicht sind. Aber richtig Fliegen funktioniert ein wenig anders – du wirst es gleich sehen …

Wie gehst du vor?

1 Bitte deinen Helfer, auf dem Papier zwei Streifen aufzuzeichnen. Ein Streifen soll die Maße 1,5 x 14 cm haben, der zweite soll 2 x 17 cm messen. Schneide beide Streifen aus.

2 Bilde aus jedem Papierstreifen einen Ring und klebe die Enden der Papierstreifen mit Klebefilm zusammen. Nun hast du einen großen Papierring und einen etwas kleineren. Schneide dann von dem Trinkhalm ein 23 cm langes Stück ab und klebe den großen Papierring an ein Ende des Trinkhalms.

3 Halte den Trinkhalm so in der Hand, dass der Papierring nach oben ragt, und wirf ihn wie einen Papierflieger in die Luft.

Beobachte, wie der Trinkhalm fliegt.

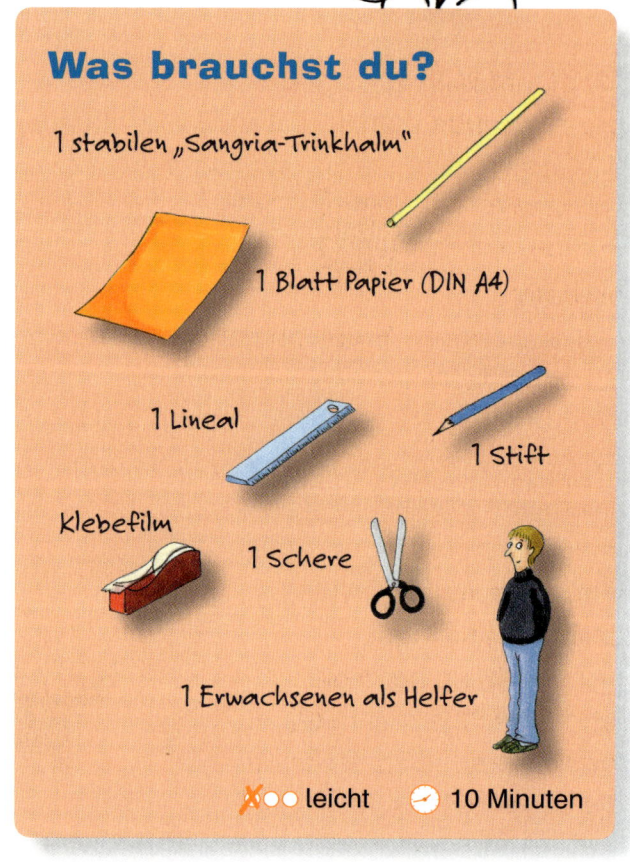

Was brauchst du?

1 stabilen „Sangria-Trinkhalm"

1 Blatt Papier (DIN A4)

1 Lineal

1 Stift

Klebefilm

1 Schere

1 Erwachsenen als Helfer

✗●● leicht   🕐 10 Minuten

4 Jetzt klebst du den kleineren Ring an das andere Ende des Trinkhalms. Richte ihn genauso aus wie den großen Ring. Halte dann den Halm so, dass der kleine Ring nach vorn und oben zeigt, und wirf den Trinkhalm noch einmal. Probiere auch, wie der Trinkhalm fliegt, wenn der große Ring nach vorne zeigt. Oder halte den Flieger so, dass die Ringe unten sind.

Wie fliegt der Flieger am besten?

Was passiert?

Mit einem Ring allein fliegt
der Trinkhalm
ein kurzes
Stück und
fällt dann
herunter.
Dabei sackt das Ende, an dem kein Papierring
klebt, nach unten.

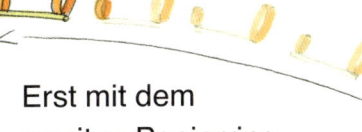

Erst mit dem
zweiten Papierring
fliegt der Trinkhalm gut.
Am besten fliegt er mit dem
kleinen Ring nach vorn und
dem Trinkhalm nach unten.

Warum ist das so?

Damit der Trinkhalm fliegen kann, braucht er
Flügel, die ihn in der Luft halten können.
Im Experiment machen das die Pa-
pierringe. Sie müssen groß genug
sein, um das Gewicht des Trinkhalms zu tragen. Außerdem müssen die „Flügel" mit dem Trinkhalm
ausbalanciert sein, sonst sackt der
Flieger nach einer Seite ab. Ein
„Flügel" allein reicht dazu
nicht aus.

Wo kommt das noch vor?

Flugzeuge haben große Flügel, die das
Gewicht des Flugzeugs in der Luft tragen.
Deshalb heißen sie auch Tragflächen.
Die Tragflächen müssen die richtige Größe
haben und an der richtigen Stelle angebracht
sein, damit das Flugzeug stabil fliegt und
nicht kippt oder trudelt.

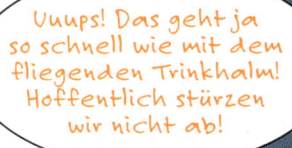

Uuups! Das geht ja
so schnell wie mit dem
fliegenden Trinkhalm!
Hoffentlich stürzen
wir nicht ab!

Widerspenstiges Kügelchen

Bälle und Kugeln zu werfen, ist ganz einfach. Das geht mit Papierkügelchen sicher auch – doch bei diesem Experiment nicht! Das Kügelchen macht manchmal nicht, was du willst. Schuld daran ist mal wieder die Luft!

Was brauchst du?

Zwei 0,5-Liter-Getränkeflaschen aus Plastik (am besten mit langem Flaschenhals)

Zeitungs- oder Haushaltspapier

1 Brotmesser

1 Erwachsenen als Helfer

●✗● mittel   🕐 10 Minuten

Wie gehst du vor?

1 Spüle die Getränkeflaschen mit Wasser aus und lass sie gut abtrocknen. Bitte deinen Helfer, von einer der beiden Flaschen den Boden abzuschneiden.

2 Forme aus dem Papier 2–3 erbsengroße Papierkugeln.

3 Nimm die Flasche mit dem abgeschnittenen Boden, halte sie waagerecht und lege ein Papierkügelchen in den Flaschenhals. Gib acht, dass es nicht herausfällt oder in die Flasche hineinrutscht. Puste dann in die Flasche hinein.

Wohin fliegt das Papierkügelchen?

4 Jetzt machst du das Gleiche mit der anderen Flasche.

Wohin fliegt das Kügelchen bei der Flasche mit Boden?

Was passiert?

Wenn du die Papierkugel in die Flasche ohne Boden hineinpustest, fliegt sie – schwupps – durch die Flasche hindurch.

Bei der Flasche, die einen Boden hat, ist das anders: Kaum pustest du das Kügelchen in die Flasche, kommt es dir wieder entgegengeflogen!

Warum ist das so?

Es ist die Luft, die dich austrickst. Bläst du in die Flasche ohne Boden hinein, kann die Luft hinten wieder heraus. Mit deinem Luftstoß wird die Papierkugel einfach mitgerissen. Aus der Flasche mit Boden kann die Luft, die du hineinpustest, nur durch den Flaschenhals wieder heraus. Durch dein Pusten entsteht in der Flasche ganz kurz ein Überdruck, der die Luft samt dem Kügelchen aus dem Flaschenhals hinausbläst. Also dir entgegen.

Mach' aus diesem Versuch einen Wettbewerb: „Wer pustet das Kügelchen am weitesten?" Du nimmst natürlich die Flasche ohne Boden ;-)) Aber vergiss es nicht – sonst verlierst du. Wie ich ...

Wo kommt das noch vor?

Wenn du das nächste Mal in einem Auto mitfährst, bitte den Fahrer, ein Fenster zu öffnen. Fahrt ihr schnell genug, hörst du ein dumpfes Dröhnen, das richtig auf die Ohren drückt. Durch den Fahrtwind wird nämlich die Luft – wie bei deiner Flasche mit Boden – ganz schnell in das Auto hinein- und wieder hinausgedrückt. Dadurch entsteht dieser unangenehme Ton. Erst wenn man auch auf der gegenüberliegenden Seite ein Fenster öffnet, hört das Dröhnen auf.

Glossar

Hier kannst du jederzeit einige Begriffe nachschlagen, die dir in diesem Buch begegnen.
Begriffe mit einem Pfeil davor werden an
anderer Stelle im Glossar genauer erklärt.

Druck

Wenn du einen Luftballon zusammendrückst, wirkt
die → Kraft deiner Hände und Arme auf den Luftballon. Das nennt man Druck. Der Luftballon kann
sich dabei verformen – oder platzen.

Fahrtwind

Wind ist, wenn sich die Luft bewegt. Aber auch
wenn du dich bewegst entsteht Wind, z. B. wenn
du schnell auf einem Roller fährst. Dann spürst
du die Luft im Gesicht als Fahrtwind.

Flügel

Vögel brauchen Flügel zum Fliegen. Damit werden sie auf der Luft getragen. Die Flügel beim
Flugzeug heißen Tragflächen. Je schwerer das
Flugzeug ist, desto größer müssen die Tragflächen sein.

Gewicht

Alle Dinge haben ein Gewicht – es gibt schwere
Dinge und leichte. Willst du schwere Dinge hochheben, brauchst du viel → Kraft. Mit einer Waage
kann man messen, wie schwer etwas ist.

Kraft

Wenn du etwas bewegen möchtest, zum Beispiel
einen Stein hochheben oder einen Ball werfen,
brauchst du Kraft. Je schwerer etwas ist, desto
mehr Kraft benötigst du dazu.

Luftblase

Wenn Luft im Wasser eingeschlossen ist, spre-
chen wir von einer Luftblase. Sie ist meistens
kugelrund, und weil sie viel leichter als Wasser
ist, steigt sie im Wasser immer nach oben.
Mehrere solcher Luftblasen können sich zu einer
einzelnen, ebenfalls kugelrunden Luftblase ver-
binden.

Luftdruck

Das Gewicht der Luft, das auf den Boden und
alle anderen Sachen drückt, bewirkt den Luftdruck (→ Druck). Luft kann man aber auch zu-
sammendrücken. Das machen wir, wenn wir mit
einer Luftpumpe einen Fahrradreifen aufpumpen.
Wenn der Reifen ganz hart ist, ist der Luftdruck
im Reifen groß.

Luftstrom

Immer wenn sich Luft bewegt, gibt es einen Luftstrom. Das kann der Wind in den Bäumen sein
oder die Luft, die ein Fön herausbläst. Aber auch
Luft, die durch ein Feuer oder durch Sonnenschein
erwärmt wird und nach oben steigt, bildet einen
Luftstrom.

Luftwiderstand

Alle Dinge, die sich bewegen, werden vom Luftwiderstand gebremst, also von dem Widerstand,
den die Luft der Bewegung entgegensetzt. Ein
schnelles Auto zum Beispiel reibt sich beim Fahren
an der Luft (→ Reibung) und wird durch dieses
Reiben gebremst. Genauso geht es dir beim Fahr-
radfahren. Dann spürst du deinen eigenen Luftwiderstand als → Fahrtwind.

Pumpe

Mit einer Pumpe kann man zum Beispiel Wasser oder Luft bewegen. Das nutzt du, wenn du mit einer Luftpumpe einen Fahrradreifen prall aufpumpst – und die Feuerwehr setzt Wasserpumpen mit Motor ein, um Wasser sehr weit spritzen zu können.

Reibung

Alle Dinge, die sich bewegen, werden von der Reibung gebremst. Die Reifen eines Fahrrads reiben am Asphalt der Straße, und das Fahrrad wird dadurch langsamer. Auf der Rutsche reibt deine Hose an der Rutschbahn. Und immer gilt: Je glatter der Untergrund, desto geringer ist die Reibung.

unsichtbar

Dinge sind unsichtbar, wenn wir sie nicht sehen können. Das beste Beispiel ist die Luft: Sie ist absolut unsichtbar, wir können sie nur spüren, zum Beispiel draußen als Wind. Wasser hingegen ist zwar durchsichtig und hat keine Farbe, aber es ist nicht unsichtbar.

45

Register

Bildquellenverzeichnis

akg-images, Berlin: 13 dpa Picture-Alliance GmbH, Frankfurt: 9/Rodger Klein/WaterFrame 19/ASA 31/Kiedrowski, R. Fotolia.com: 11/ BeTaArtworks 43/Miredi istockphoto.com: 15/Helena Lovincic 23/Sandra Layne shutterstock.com: 17/Blend Images 27/Max Earey 29/ Horst Kanzek 33/Minerva Studio 35/Eric Gevaert 37/MarcelClemens 39/Natali Glado 41/Degtyaryov Andrey thinkstockphotos.de/Getty Images: 21/iStockphoto 25/iStockphoto

Cover: shutterstock.com – Wolken/gillmar – Grashalm/Mazzzur